## CABALLOS DE FUERZA/ HORSEPOWER

# AUTOS INDY/ INDY CARS

por/by Carrie A. Braulick

Consultora de Lectura/Reading Consultant:
Barbara J. Fox
Especialista en Lectura/Reading Specialist
Universidad del Estado de Carolina del Norte/
North Carolina State University

Capstone
press

Mankato, Minnesota

Blazers is published by Capstone Press,
151 Good Counsel Drive, P.O. Box 669, Mankato, Minnesota 56002.
www.capstonepress.com

*Library of Congress Cataloging-in-Publication Data*
Braulick, Carrie A., 1975–
    [Indy cars. Spanish & English]
    Autos Indy/por Carrie A. Braulick = Indy cars/by Carrie A. Braulick.
    p. cm.—(Blazers—caballos de fuerza = Blazers—horsepower)
    Includes index.
    ISBN-13: 978-0-7368-6634-7 (hardcover)
    ISBN-10: 0-7368-6634-5 (hardcover)
    1. Indy cars—Juvenile literature. I. Title: Indy cars. II. Title. III. Series: Blazers—
caballos de fuerza.
    TL236.B7318 2007
    629.228—dc22                                                    2006008481

Summary: Describes Indy race cars, including their design, engines, tires, and
    safety features—in both English and Spanish.

**Editorial Credits**
Jason Knudson, set designer; Patrick D. Dentinger, book
    designer; Kelly Garvin, photo researcher; Scott Thoms,
    photo editor; settingPace LLC, production services;
    Strictly Spanish, translation services

**Photo Credits**
Artemis Images/Earl Ma, 7, 12, 13, 18, 19, 22–23, 25, 26, 27
Corbis/Michael Kim, 8 (left), 9 (right), 14; Reuters, 20, 21;
    Reuters/Robin Jerstad, 11; William Manning, 17
Getty Images, Inc./Gavin Lawrence, cover; Jamie Squire, 5;
    Jonathan Ferrey, 8–9, 28–29; Robert Laberge, 6

**Capstone Press thanks Betty Carlan, Research Librarian at the International
Motorsports Hall of Fame in Talladega, Alabama, for her assistance in preparing
this book.**

1 2 3 4 5 6 11 10 09 08 07 06

# TABLE OF CONTENTS

# TABLA DE CONTENIDOS

# Indy Cars/ Autos Indy

Indy cars line up behind the starting line. The flagman waves a green flag. The Indy cars roar down the racetrack.

Los autos Indy toman sus lugares detrás de la línea de salida. El abanderado ondea una bandera verde. Los autos Indy se mueven a toda velocidad por la pista de carreras.

Car number 10 takes the lead. Later, another car bumps it from behind. The number 10 car spins out and crashes.

El auto número 10 toma la delantera. Más tarde, otro auto lo golpea desde atrás. El auto número 10 da muchas vueltas y choca.

# BLAZER FACT

In early Indy car races, both a driver and a mechanic rode in a car. The mechanic made car repairs right on the track.

# DATO BLAZER

En las primeras carreras de autos Indy, en el auto iban un mecánico y un piloto. El mecánico reparaba el auto directamente en la pista.

The driver of the yellow number 4 car speeds away from a pit stop. He passes the wrecked car. Soon, he takes the lead and wins the race.

El piloto del auto amarillo número 4 se aleja a toda velocidad de una parada en los *pits*. Pasa al auto accidentado. Muy pronto toma la delantera y gana la carrera.

# POWER AND SPEED/ POTENCIA Y VELOCIDAD

Indy cars race at tracks throughout North America. The cars are named after the famous Indy 500 race.

Los autos Indy corren en pistas en toda Norteamérica. Los autos reciben su nombre por la famosa carrera Indy 500.

Large V-8 engines power Indy cars. The engines help the small cars gain speed quickly.

Los autos Indy tienen grandes motores V-8. Los motores ayudan a los pequeños autos a adquirir velocidad rápidamente.

## DATO BLAZER

Potentes motores ayudan a los autos Indy a alcanzar 100 millas (161 kilómetros) por hora en tan sólo 4 segundos.

## BLAZER FACT

Powerful engines help Indy cars reach 100 miles (161 kilometers) per hour in only 4 seconds.

Rear wing/
Alerón trasero

Front wing/
Alerón delantero

Indy cars have front and rear wings.
The wings push air down on the cars.
They help the cars grip the track.

Los autos Indy tienen alerones delanteros
y traseros. Los alerones empujan el aire
hacia abajo sobre los autos. Esto ayuda a los
autos a agarrarse a la pista.

# Built for Racing/Hechos para carreras

Early Indy cars were shaped like boxes. Modern Indy cars are shaped like bullets. This shape helps the cars travel quickly.

Los primeros autos Indy tenían forma de caja. Los autos Indy modernos tienen forma de bala. Esta forma ayuda a los autos a desplazarse rápidamente.

Indy cars have smooth tires called slicks. The tires wear down during races. Pit crews may replace a car's tires 10 times in one race.

Los autos Indy tienen llantas lisas, llamadas llantas *slick*. Las llantas se desgastan durante las carreras. Los equipos de *pits* pueden cambiar las llantas de un auto 10 veces en una carrera.

# DATO BLAZER

Un equipo de *pits* puede cambiar las cuatro llantas de un auto Indy y llenarle el tanque de gasolina en tan sólo 16 segundos.

# BLAZER FACT

A pit crew can change all four of an Indy car's tires and fill its gas tank in only 16 seconds.

Indy cars have safety features to protect drivers. Tires are designed to fall off during a crash. Without tires, a wrecked car slides instead of rolling.

Los autos Indy tienen características de seguridad para proteger a los pilotos. Las llantas están diseñadas para salirse durante un choque. Sin llantas, el auto accidentado se desliza en lugar de rodar.

## BLAZER FACT

The Indy 500 track has a soft wall. The wall absorbs the shock of a car hitting it.

## DATO BLAZER

La pista Indy 500 tiene un muro blando. El muro absorbe el impacto de un auto que lo golpea.

# Indy Car Diagram/ Diagrama de un auto Indy

Fuel port/
Entrada de combustible

Boost limiter/
Limitador de impulso

Rear wing/
Alerón trasero

Air deflector/
Deflector de aire

Front wing/Alerón delantero

Tire/ Llanta

# Indy Cars in Action/ Autos Indy en acción

Most races are on large oval-shaped tracks. Other races are on street courses through cities.

La mayoría de las carreras son en grandes pistas ovaladas. Otras carreras son en circuitos callejeros en las ciudades.

Street course/
Circuito callejero

Drivers depend on their cars and
their teams. Even the best drivers need
help from others to win races.

Los pilotos dependen de sus autos y
de sus equipos. Hasta los mejores pilotos
necesitan ayuda de otras personas para
ganar las carreras.

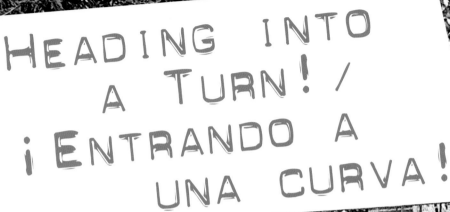

# HEADING INTO A TURN! / ¡ENTRANDO A UNA CURVA!

# GLOSSARY

**bullet**—a small, pointed metal object fired from a gun

**flagman**—the person who waves the flags that signal race car drivers to go, stop, or travel slowly

**mechanic**—someone who fixes vehicles or machinery

**pit stop**—a stop that a driver makes during a race to change tires or get fuel

**slick**—a smooth tire used to race on paved surfaces

**street course**—an Indy car race held on city streets

**wing**—a long, flat panel on the front or back of an Indy car

# INTERNET SITES

FactHound offers a safe, fun way to find Internet sites related to this book. All of the sites on FactHound have been researched by our staff.

Here's how:

1. Visit *www.facthound.com*
2. Choose your grade level.
3. Type in this book ID **0736866345** for age-appropriate sites. You may also browse subjects by clicking on letters, or by clicking on pictures and words.
4. Click on the **Fetch It** button.

**FactHound will fetch the best sites for you!**

# GLOSARIO

**el abanderado**—la persona que ondea la bandera que indica a los pilotos de carreras que arranquen, paren o avancen lentamente

**el alerón**—un panel largo y plano en la parte delantera o trasera de un auto Indy

**la bala**—un objeto metálico y puntiagudo de metal que se dispara con una pistola

**el circuito callejero**—una carrera Indy que se hace en las calles de una ciudad

**la llanta** *slick*—una llanta lisa que se utiliza para competir en carreras en superficies pavimentadas

**el mecánico**—una persona que arregla vehículos o maquinaria

**la parada en** *pits*—una parada que hace un piloto durante una carrera para cambiar llantas o cargar combustible

# SITIOS DE INTERNET

FactHound proporciona una manera divertida y segura de encontrar sitios de Internet relacionados con este libro. Nuestro personal ha investigado todos los sitios de FactHound. Es posible que los sitios no estén en español.

Se hace así:

1. Visita *www.facthound.com*
2. Elige tu grado escolar.
3. Introduce este código especial **0736866345** para ver sitios apropiados según tu edad, o usa una palabra relacionada con este libro para hacer una búsqueda general.
4. Haz clic en el botón **Fetch It.**

**¡FactHound buscará los mejores sitios para ti!**

# INDEX

# ÍNDICE